Cuidar el alma popular

BELLATERRA EDICIONS | BIBLIOTECA CIUDADANA

ÁLVARO GARCÍA LINERA

Cuidar el alma popular

EDICIÓN DE LUCIANA CADAHIA

Bellaterra Edicions
Biblioteca Ciudadana

Diseño de la colección: Dani Rabaza (Münster Studio)
Diseño original: Joaquín Monclús
Ilustración de la cubierta: extraída del cartel diseñado por Thami Mnyele para el
festival Culture and Resistance organizado por Medu Art Ensemble en Gaborone,
Botsuana, en 1982. Fotografía de Judy Seidman, 2007. Licencia CC0 1.0.

Título: *Cuidar el alma popular*

Edición a cargo de Luciana Cadahia

© Álvaro García Linera
© Luciana Cadahia
© Bellaterra Edicions (Cultura21, SCCL), 2025

Primera edición en Editorial Montacerdos, Santiago de Chile. Agradecemos
encarecidamente la predisposición de los compañeros chilenos para facilitar
esta edición para el Estado español.
Primera edición en Bellaterra Edicions: octubre de 2025

KULT_{coop}

Bellaterra Edicions (Cultura21, SCCL)
C. de la Foneria, 5-7, bajos / 08243 Manresa
www.bellaterra.coop

ISBN: 979-13-87639-33-4
Depósito legal: B 19415-2025

Impreso por Cevagraf en Rubí

Índice

Por una nueva imaginación americana

LUCIANA CADAHIA

Ante este siglo que recién comienza cabe plantear una pregunta desde América Latina: ¿qué tipo de mundo deseamos construir para las generaciones venideras? Las coordenadas con las que hemos pensado el pasado no parecen funcionar en nuestra actualidad. En nombre de la libertad se destruyen repúblicas, se organizan genocidios a cielo abierto y se arremete contra cualquier lazo social que aspire a la igualdad y a la justicia social o ambiental. El significante democracia se ha convertido en una quimera y varios líderes mundiales ensayan curiosas dicotomías entre la democracia y la libertad. Bajo este esquema se sugiere que la libertad se encuentra amenazada por la dictadura democrática. Como si la desaparición de los procesos democratizadores fuera el antídoto para el florecimiento de la auténtica libertad.

Si el siglo XX se caracterizó por regímenes dictatoriales reacios a cualquier idea de libertad, seguidos por democracias de libre mercado desdeñosas de los legados igualitarios, el siglo XXI, por su parte, pareciera sacrificar la idea misma de democracia en nombre de una extraña concepción de libertad. Y tan extraña se ha vuelto esta concepción que termina por identificarse con los valores fascistoides de un supremacismo llamado «el hombre blanco». Podríamos decir, entonces, que este nuevo siglo encuentra uno de sus principales peligros en esta agónica figura occidental, consciente de su ocaso y desesperada por seguir existiendo como forma de dominación global. En ese sentido, la oligarquía mundial no solo plantea exploraciones semánticas o figuras retóricas de poder, sino que las emplea para delimitar una praxis bien concreta que amenaza las bases mismas de humanidad.

Pero lejos de asumir esta lectura totalizante y apocalíptica, nos interesa resaltar que esta visión de futuro es tramada por un poder imperial euro-norteamericano decadente, atrapado en las contradicciones heredadas del siglo pasado. La pregunta, formulada más arriba, entonces, apunta a desentrañar otra cosa, a saber: qué visión alternativa del mundo se ha estado fraguando desde la conciencia popular de esa otra América regionalizada con el nombre de Latinoamérica. Ya ha quedado atrás la idea de que la inteligencia europea y norteamericana eran las únicas capaces de pensar universalmente las claves del porvenir, limitándonos al papel de entusiastas receptores de sus novedades. Ya no hay más excusas para ese tipo de concesión a la mentalidad colonial. Los pueblos del sur no solo contamos con un reservorio intelectual imprescindible para pensar el mundo que se viene, sino que también tenemos la responsabilidad ético-política de terminar de configurar esa inteligencia colectiva para, por un lado, contrarrestar este presente sombrío y, por otro, forjar una imaginación de futuro. Solo así, abriendo paso a la inteligencia popular del sur global, entonces, es como podremos construir una verdadera fraternidad internacional, es decir, un proyecto de humanidad que hermane a todos los pueblos del mundo ante los desafíos civilizatorios de esta época.

Y es desde esta vocación internacionalista que se acogió con entusiasmo la iniciativa de hacer una edición de *Cuidar el alma popular* con la editorial Bellaterra. El libro reúne una conferencia de Álvaro García Linera y un diálogo que sostuve con él en el Museo Nacional de Colombia, dentro del Ciclo de Pensamiento «Imaginar el futuro desde el sur». Nos parecía que además de las ediciones latinoamericanas publicadas en el año 2024 por el Ministerio de las Artes, las Culturas y los Saberes de la República de Colombia y en el año 2025 por la Colección Sur de la editorial Montacerdos en Chile, resultaba necesario hacer una nueva edición que nos permitiera ampliar este debate de ideas a los lectores en el Estado español. Consideramos que los pueblos de América Latina y el Estado español, además de compartir una lengua y una historia, también comparten una genuina búsqueda republicana por ver florecer una humanidad emancipada en tiempos de crisis como los actuales.

En esa dirección, la conferencia de García Linera parte de un diagnóstico muy preciso: la crisis del orden mundial neoliberal como patrón de acumulación. Esta crisis, resalta el autor, no solo supone unos cambios abruptos de la matriz económica, sino que implica una conmoción en la organización del tiempo social y de la subjetividad política. Gracias a este diagnóstico, plantea que estamos viviendo un tiempo liminal, es decir, un tiempo en el cual se ha comenzado a desintegrar el horizonte social perfilado por la hegemonía del globalismo neoliberal. Tras la ruptura del pacto globalista, entonces, las oligarquías mundiales no logran reconfigurar un nuevo tiempo social como patrón de acumulación, agudizando así confrontaciones permanentes que tienden a la descomposición de los lazos sociales. O, parafraseando a Gramsci, estamos viviendo en ese claroscuro que acontece cuando lo nuevo no termina de nacer y lo viejo no termina de morir.

Ante la ausencia de una clara hegemonía mundial, García Linera explica por qué las experiencias de extrema derecha encuentran una oportunidad en la región y en el mundo. Nos muestra que se trata de una curiosa combinación entre nostálgicas expresiones fascistas, odas irracionales al libre mercado y un profundo espíritu antidemocrático que intenta abrirse paso como neoliberalismo postdemocrático. Sin embargo, insistirá el autor, estos experimentos no están sentando las bases de un nuevo orden mundial; a lo sumo, se limitan a revivir modelos fallidos completamente alejados de los desafíos actuales que plantea el mundo.

Ahora bien, la pregunta que el autor no duda en plantearse es la siguiente: ¿qué papel les cabe a los sectores populares de América Latina ante la disgregación del pacto globalista y el avance reactivo de las extremas derechas? Es decir, ¿qué podemos hacer los latinoamericanos que deseamos construir sociedades orientadas hacia una humanidad cada vez más libre e igualitaria? Y es aquí donde el pesimismo parece disiparse, ya que esta ausencia de horizonte puede ser la oportunidad histórica para que los sectores populares de la región ofrezcan una organización del tiempo social más justa, equitativa y humana. Ante el desconcierto general de las oligarquías globales, García Linera explica por qué los Gobiernos populares de la región (populismos, socialismos del siglo xxi, etc.) llevan casi dos décadas construyendo experiencias alternativas al neoliberalismo. Si el primer ciclo fue liderado por países como Brasil, Venezuela o Bolivia, este segundo ciclo está siendo liderado por países como Colombia y México. La conferencia expone, con precisión analítica y rigor histórico, los logros, dificultades y limitaciones de este laboratorio político latinoamericano. Pero, al mismo tiempo, nos ofrece varias pistas para comprender este «gran momento fundador en que se disputan los pilares del nuevo orden social que, con el tiempo, luego de una década o dos, habrán de llevar a las sociedades a su estabilización para los siguientes cuarenta o cincuenta años».

Las reflexiones que García Linera despliega a lo largo de este libro, podríamos concluir, son una invitación a actuar en «un momento histórico excepcionalmente privilegiado para la generación que está hoy en la plenitud de su vida y está obligada a comprometerse, a arriesgarse, a quemarse en los fuegos de este tiempo fundador de futuro».

Cuidar el alma popular

Interregno global y oleadas progresistas latinoamericanas

Los síntomas de un tiempo desgarrado

Durante 25 años, entre 1980 y 2005, el orden moral y laboral de gran parte del planeta estuvo regido por un conjunto de principios básicos que alentaban un destino imaginado e inevitable del curso de las sociedades, de los esfuerzos personales, con los que las personas justificaban sus esfuerzos, sus sacrificios y sus estrategias cotidianas.

El libre mercado como modo «natural» de asignación de recursos en el cual hallar un «nicho de oportunidades» para el negocio familiar o el emprendimiento individual. La globalización como humanidad universalizada que permitiría que, tarde o temprano, los logros y el bienestar de los ricos del mundo se desparramaran para todos, según su esfuerzo. El Estado pequeño y no intrusivo que permitiría liberar la energía social y bajar los impuestos. El déficit fiscal cero que lograría organizar el país como una casa austera de aborrecibles derechos colectivos y auspiciosa en premios para los competitivos, los triunfadores. Todos estos emblemas orientadores desempeñaron el papel de destino imperativo con los cuales casi todos los Gobiernos, las empresas, los periodistas, los «líderes» de opinión, los académicos reconocidos, los dirigentes sociales y las familias adecuaron sus expectativas de futuro venturoso, sus posibilidades factibles de desarrollo y modernidad. El mundo tenía dirección. Las sociedades, un futuro inevitable. Las familias, una certidumbre de época. Las personas, un horizonte predictivo para organizar sus estrategias diarias. No importaba cuán alejadas pudieran estar esas metas; no desmoralizaba cuántos fracasos e interrupciones uno hallaba en el camino o cuán discriminatorias eran las oportunidades de éxito. Se trataban de unas ideas fuerza, de una imaginación compartida, con la certidumbre tácita del sentido común, que permitía organizar los retazos fragmentados de la vida diaria hacia un destino de éxito y grandeza.

El primer síntoma adelantado de la decadencia de ese orden global vino desde las extremidades del cuerpo capitalista al despuntar el siglo XXI. América Latina comenzó a explorar alternativas al orden económico y político dominante a través de políticas híbridas de soberanismo, ampliación de derechos y libre comercio. Luego vino la crisis económica mundial del 2008. Después, el surgimiento de neoliberalismos semiproteccionistas con Donald Trump en Estados Unidos y el Brexit en Reino Unido. A ello le ha seguido la fragmentación geopolítica del orden global entre bloques regionales que comercian en función de amistades políticas y cercanía geográfica. Así, en conjunto, hemos entrado a una era del lento y desgarrante desplome del viejo orden del libre mercado y la emergencia, aún incipiente, de múltiples y variadas opciones sustitutivas, sin que ninguna de ellas logre, hasta hoy, afianzarse definitivamente; dando lugar a un mundo caótico, de trayectorias efímeras y con dificultades para vislumbrar aún un nuevo orden que, de consolidarse, habrá de durar otros cuarenta a cincuenta años.

Ciclos de acumulación económica y dominación política

Si nos fijamos con atención, a lo largo de los últimos 150 años, las sociedades del mundo han atravesado distintas etapas económicas y políticas que, pese a sus diferencias internas, presentan tendencias similares. A estas etapas se las denomina ciclos económicos y políticos, y lo que hoy estamos viviendo en el mundo entero es el declive de un ciclo económico y el consiguiente caos sistémico que surge de ese ocaso histórico; hasta que, en la siguiente década, surja el nuevo modelo de acumulación y legitimación que estabilice la sociedad a escala global. Los ciclos de acumulación-legitimación por lo general duran entre cuarenta a sesenta años desde que nacen, llegan a su zenit, decaen y son sustituidos por otro modelo de acumulación-dominación. En parte, estos ciclos coinciden con las «ondas largas» estudiadas por Kondrátiev[1] para las series de precios, producción consumo y valor.

---

1   Nikolái Dmítrievich Kondrátiev (1892-1938). Economista ruso que formuló la teoría del ciclo económico largo.

Tuvimos el ciclo liberal de 1870 hasta 1915, cuando se inicia su descenso. Luego, el ciclo del «estado de bienestar», o de «capitalismo de Estado», iniciado a mediados de la década de los años treinta, que entró en su fase descendente a fines de la década de 1960. Finalmente, el ciclo neoliberal que despuntó en la década de de los ochenta, hasta mostrar signos de envejecimiento con la Gran Recesión de 2010 y el Gran Encierro de 2020. Pero lo que ahora interesa de esta mirada cíclica de la historia, además de escudriñar las características del nuevo ciclo que podrá emerger, son los momentos intermedios entre ciclo y ciclo. Son los momentos de transición en los que el viejo orden se corroe, se agrieta, pierde fuerza económica, se desploma en cámara lenta, pierde liderazgo ideológico y, esto es lo desgarrador, sin que surja nada sólido y duradero que lo sustituya por un largo tiempo. Es el tiempo liminal, un portal al vacío, o lo que Gramsci llamó el «interregno». Y allí es donde hoy nos encontramos.

Veamos cómo se está moviendo el mundo, y América Latina, en este momento de ocaso del ciclo global neoliberal:

Entre 1970 y 1982, el crecimiento de la riqueza económica mundial cayó del 5 % al 2,7 % anual. Eso puso fin al estado de bienestar y al desarrollismo, y dio paso al neoliberalismo, que logró aumentar el crecimiento al 3,1 % durante 28 años. Pero desde el 2010 al 2022, nuevamente ha caído a un raquítico crecimiento del 2,7 % en promedio por año. El Banco Mundial calcula que, entre 2023 y 2030, será aún peor: el crecimiento caerá a un 2,2 % en promedio. Hemos entrado a una nueva década perdida.

El crecimiento del comercio mundial –baluarte del globalismo neoliberal, que entre 1980 y 2009 creció imparable del 12 % al 19 % respecto al PIB global– se ha estancado desde el 2009 y desde entonces ha caído del 19 % al 15 %.

El índice de apertura económica, una medida del libre comercio global, pasó del 37 % al 68 % entre 1981 y 2009. Desde 2009 a 2021, ha caído del 68 % al 54 %.

Los préstamos bancarios transfronterizos, el gran lujo de la libre circulación del capital que creó la ilusión de un único mercado sin fronteras, crecieron del 20 % al 60 % respecto al PIB mundial desde 1997 a 2007. Ahora, esa expansión terminó. Desde 2008 a 2022, han caído del 60 % al 35 %. Y cada mes que pasa es peor.

La inversión extranjera directa como participación del PIB mundial llegó al 4 % en el año 2000; en 2005, llegó al 4,5 %. En cambio, en 2021, cayó al 1,6 %. La inversión extranjera sigue moviéndose por el mundo, pero ha perdido impulso y ahora se concentra en zonas geopolíticas «amigas», enterrando la ambición de un mundo sin fronteras integrado por eficiencias y oportunidades.

El Reino Unido, la quinta parte del poderío económico de Europa, se ha salido del mercado común europeo y ha preferido atrincherarse en las barreras proteccionistas de su isla.

El globalismo triunfante que arrasaba fronteras ha sido sustituido por un patriotismo de grandes potencias lanzadas a guerras comerciales entre Estados Unidos, China y Europa. La Unión Europea ha impuesto restricciones arancelarias a China y ha prohibido la expansión de la interconexión telefónica 5G de la empresa Huawei, más eficiente y barata. Estados Unidos ha aplicado aranceles a todo el comercio con China, desde un 5 % hasta un 25 %; ha prohibido la venta de tecnología a China en las áreas de inteligencia artificial, biotecnología, computación cuántica y superconductores, además de prohibir la venta de tierras a ciudadanos chinos. La eficiencia de los mercados ha sido sustituida por prioridades geopolíticas. Del *offshoring* se ha pasado al *nearshoring*, es decir, a cadenas de valor cercanas y entre «amigos» o «aliados».

Estados Unidos aprobó en 2024 pasado la ley CHIPS y la ley IRA para promover la producción y luchar contra la inflación. Ambas leyes movilizan alrededor de 400 000 millones de dólares para fomentar, proteger y subvencionar las industrias norteamericanas de la fabricación de microprocesadores y energías verdes. Como dijo el presidente Joe Biden, los puentes, los microchips y el resto de las mercancías que se vendan en Estados Unidos serán hechos con productos norteamericanos, con tecnología norteamericana, por trabajadores norteamericanos. «America First» o «consuma hecho en Estados Unidos» son los nuevos lemas. Como se lamentaba la exdirectora del Banco Mundial, hemos entrado a una época de guerra de subvenciones. Según el FMI, las restricciones al libre comercio, que durante décadas eran excepcionalidades de países marginales, han saltado de 200 al año a más de 2500 en 2022, impulsadas fundamentalmente por los países económicamente más poderos.

Intervencionismo estatal. Desde el año 2008, durante la crisis y posterior recesión en que se tradujo, los países más desarrollados aglutinados en la OCDE han movilizado 446 000 millones de dólares, es decir, el 1,5 % de su PIB, para rescatar bancos en problemas financieros. Durante la pandemia y hasta el 2021, estos mismos países movilizaron un esfuerzo fiscal extraordinario equivalente al 18 % de su PIB y, en el año 2022, al 9 %. ¿Para qué? Para salvar empresas, para pagar salarios, para proteger las bolsas de valores, para regalar comida y para ayudar a los accionistas. La «mano invisible del mercado» del discurso liberal está dando lugar a la «mano amiga del Estado».

El gas ruso ha sido desglobalizado y ahora Europa ha tenido que comprar un gas, que antes valía 6 dólares el millón de BTU –una medida térmica de un volumen de gas para el consumo–, a 45 dólares. Las subvenciones europeas en energía han alcanzado 651 000 millones de euros entre el año 2022 y julio de 2023.

A la par, la «disciplina fiscal», que era como el padrenuestro de cuanto Gobierno neoliberal asumía funciones, está enmoheciéndose en el viejo baúl de los arcaísmos pasados de moda. Desde 2008, cuando el endeudamiento público no rebasaba el 50 % respecto al PIB, ha llegado al 80 % en 2022 y, en el caso de Estados Unidos, al 110 %.

Como dijo hace un tiempo el presidente Biden: «¿Libre comercio? ¡Al infierno con eso!».

El soberanismo, ese «perro muerto» en la vereda del globalismo triunfante, está vivo para proteger a empresas telefónicas y bancos ineficientes de países ricos. El libre mercado debe inclinar la cabeza ante el imperialismo nacional en guerra contra el «asiatismo autoritario». La nacionalización ya no es un anacronismo, si de salvar bancos quebrados o expropiar dinero a oligarcas rusos se trata. Las trompetas del libre comercio irrestricto suenan lejanas y fosilizadas. Y cada vez se oyen con mayor estridencia los tambores de la «seguridad nacional» y el proteccionismo.

Estamos, sin duda, ante las señales del crepúsculo del modelo de acumulación predominante a escala mundial en los últimos cuarenta años. El propio FMI, en su informe de fin de año de 2022, alerta de cómo las encuestas mundiales confirman la sistemática declinación del apoyo social a la globalización (menos del 50 %) y el incremento de quienes demandan medidas proteccionistas (más del 50 %). El mundo ya no volverá a ser como antes, cuando el globalismo era el lenguaje común y entusiasta de las sociedades. Pero esto no significa que el neoliberalismo desaparezca y que el remplazo ya esté a la mano; al contrario.

Lo que tenemos es una confusión global con direcciones económicas contradictorias. Se predica austeridad fiscal para los países en desarrollo, pero en casa se arroja dinero desde los helicópteros para que las familias puedan mantener su capacidad de gasto, como en Estados Unidos Se alienta a los empresarios como únicos sujetos capaces de gestionar la economía, pero se infla un Estado con obras sociales, subvenciones gigantescas y, en algunos casos, con nacionalizaciones, como en Alemania con la distribución del gas o en Francia con la energía. El mundo ha perdido su horizonte y, en medio de este caos, lo que prevalece es la incertidumbre, los rumbos contradictorios y la perplejidad ante un futuro que se ha escondido.

Es como si el sentido de la historia se hubiera desvanecido ante la inmediatez de un mundo sin destino ni promesa, y solo quedara el agobio de un presente infinito dilatado que no se dirige a ninguna parte. Es el tiempo liminal.

Se trata de un extraño pórtico, una suerte de umbral que separa un tiempo histórico cansado, sin consenso activo de la sociedad, sobreviviente por inercia, casi como un zombi, y un tiempo histórico que paradójicamente aún no llega de manera definitiva, dejando al mundo en la soledad de un abismo sin nombre ni límite.

Interregno y tiempo liminal

El acontecimiento liminal es una manera, subjetiva y colectiva, de experimentar el tiempo social en los momentos de transición entre ciclos de acumulación-legitimación. Señala el cierre de una época y el inicio de una nueva, pero no como un tránsito gradual o una apacible mezcla anfibia, sino como un vacío, una desesperante ausencia íntima llena de contradicciones, de marchas y contramarchas. El tiempo liminal es un corte abrupto en la experiencia del tiempo social y deja a las personas sin sustituto imaginado ni premonición plausible durante años, quizá décadas.

Estos desgarrantes momentos sociales tienen al menos tres procesos interdependientes.

1. La parálisis o bloqueo del horizonte predictivo con el que las sociedades orientaban, real o imaginariamente, su devenir en el tiempo. Al desvanecerse el horizonte predictivo neoliberal, el futuro desaparece; no hay un destino en el cual depositar de manera duradera las esperanzas movilizadoras. Y si surge una esperanza, de no avanzar radicalmente y expandirse a escala

mundial, será corta, para volver a embarran-
carse al poco tiempo en la incertidumbre y la
desafección.

Y al no haber un mañana que imaginariamente mejore el presente, tampoco hay un
camino, recto o tortuoso, fragmentado o inin-
terrumpido, mediante el cual acortar los dile-
mas actuales con respecto al bienestar imaginado. Allí el tiempo social desaparece, pues él
supone un flujo, turbulento y discontinuo, pero
dirigido hacia un horizonte, una meta, un destino. Y entonces, ante el vacío de porvenir, la
sociedad se sumerge en la experiencia corpo-
ral de un tiempo suspendido, carente de flujo
con respecto a fines; navegando en un presente sin sentido y dilatado hasta el infinito,
como si el tiempo se hubiera extraviado. Y es
que si, como afirma Aristóteles, el tiempo es
la medida del movimiento –es decir, de la con-
tinua comparación con un *de dónde* o un *hacia
dónde*–, con el desmoronamiento del horizonte predictivo de las sociedades, el tiempo
social pierde su dirección, su intencionalidad
social compartida y su movimiento.

2. La divergencia de élites. Como el horizonte social compartido se está diluyendo en el vacío, los grandes consensos globalistas que cohesionaron a las élites políticas comienzan a desmoronarse.

Si antes centro, derecha e izquierda políticas eran meras variantes personalizadas de un mismo proyecto (capitalismo de Estado entre los años 1930-1960; neoliberalismo entre 1980-2010), al desvanecerse el proyecto común, nada une a las élites que no sea la desconfianza estratégica. En consecuencia, las élites tradicionales se fragmentan con proyectos cismáticos, y surgen nuevas élites que portan propuestas distanciadas todas entre sí. Ante el declive hegemónico, la centro derecha se escora a la extrema derecha. La centro izquierda se escinde con alas más a la izquierda e irrumpen nuevas propuestas que se distancian de la izquierda tradicional. Surgen los llamados «populismos». Cada facción política se diferencia radicalmente de las otras. Nada las hace concurrir hacia un espacio común, todas divergen. De sistemas políticos multi o bipartidistas de centro derecha (1985-2015), se pasa a un sistema multi o bipartidista polarizado (2015-…).

Cada una de estas fuerzas disputa el voto de un electorado apático y, allá donde otras circunstancias sociales convergen, segmentos politizados de la sociedad, aún no mayoritarios, se concentran en proyectos políticos más radicales que logran adhesiones temporales de mayorías electorales, que, de no resolver los problemas económicos más angustiantes de la sociedad, dan paso a la decepción y la búsqueda de nuevas alternativas.

En ese desconcierto general, unas de las primeras fuerzas políticas en emerger son el progresismo y las izquierdas. Y es así porque, en tiempos normales de estabilidad y de consenso general en las formas de dominación, no hay condiciones para el apoyo popular a posiciones de izquierda o progresistas radicales. Estas surgen en tiempo de crisis, cuando el orden dominante produce agravios económicos y morales a las clases plebeyas. Y surgen precisamente para remontar la crisis. Si lo logran, consolidarán apoyo social y duración. Si fracasan o agravan la crisis que los catapultó al Gobierno, serán sustituidas por estados de ánimo o Gobiernos aún más conservadores. Algunos progresismos, especialmente los que vienen acompañados de un protagonismo popular movilizado en las calles y barrios, introducen grandes reformas en la economía del Estado y de la sociedad, ampliando la igualdad y mejorando las condiciones de vida de las clases subalternas. Al hacerlo, perduran más y pueden esperar en mejores condiciones que la oleada progresista se expanda a escala global, especialmente en las economías más desarrolladas, para buscar estabilizarse por décadas. Pero también hay progresismos que enfrentan problemas internos, no logran remontar las adversidades económicas y profundizan el malestar social. Ellos también serán devorados por la indignación colectiva y, lo peor, alentarán a salidas de derecha autoritaria.

Paralelamente al progresismo, emergen las derechas autoritarias. Son su contracara inevitable. Estas facciones defienden el viejo orden que se agrieta por todas partes. Viendo cómo los antiguos consensos políticos se disuelven, las derechas buscarán retornar al viejo orden, solo que, para ello, en vez de la seducción, ahora abanderarán la sanción, el castigo o la venganza hacia quienes consideran responsables de este desorden no solo económico sino también moral: sindicatos «ambiciosos», migrantes que «arrebatan» empleos, mujeres que «exageran» al reclamar sus derechos, indígenas «igualados», comunistas «conspiradores», etc. Sin comprender que el debilitamiento del proyecto neoliberal es el resultado de sus propios límites, buscarán en el aleccionamiento feroz de los díscolos la llave para que la sociedad pueda retornar al viejo orden de los valores morales. Se trata de derechas autoritarias y cada vez más antidemocráticas y racistas, claramente fascistas, que buscan canalizar el miedo social a la ausencia de futuro hacia la venganza y el castigo, reemplazando el convencimiento por la imposición, propia de los proyectos decadentes.

Estas derechas añoran la vieja estabilidad del mercado; aborrecen los derechos cristalizados en el Estado; les indigna la igualdad porque consideran que destruye las jerarquías sagradas de la empresa, la familia, el orden racializado y la servidumbre individual. Son melancólicas de un imaginado e idílico pasado mercantil en el que los capaces tenían lo suyo y los fracasados obtenían el desprecio merecido de la marginalidad. Pero a diferencia de antes, cuando creían que la autoridad del mercado era fruto del convencimiento y de su superioridad histórica sobre el Estado, ahora creen que hay que imponerla, a palos si es necesario. Consideran que la democracia ha premiado a una mayoría incompetente e ignorante y que, por salud pública, hay que hacerles entrar a la fuerza en las virtudes del individualismo, el mercado y la ley del más fuerte. Les parece un exceso la democracia, un exabrupto los derechos y un insulto la igualdad. Por eso, cuando pueden, asaltan los parlamentos, como en Estados Unidos o en Brasil. Si es necesario, están dispuestas a cometer masacres y golpes de Estado, como en Bolivia, o, por lo menos, a hacer «cadenas de oración» alrededor de los cuarteles para llamar a los militares a que resguarden la riqueza privada por encima del voto. No son demócratas por convicción, sino por utilidad táctica.

En conjunto, estas propuestas políticas de izquierdas y derechas, divergentes todas entre sí, son parte del caos sistémico global. No son aún la solución, aunque pugnen por serlo. Ninguna de ellas logra consolidar un proyecto político-cultural expansivo. Obtienen victorias por acá, para luego perder por allá y ser reemplazadas en la siguiente elección. Es la cualidad del tiempo liminal. De momento, se tendrá una sucesión de victorias cortas y de derrotas cortas de los distintos proyectos que pugnan por emerger. No hay, por ahora, hegemonías largas. Por un tiempo, no las habrá.

3. Apertura cognitiva. Sin embargo, ninguna sociedad puede vivir indefinidamente en la incertidumbre estratégica. Es un tema de necesaria cohesión social ante la historia, de métodos de legitimación de cualquier forma de gobierno y, también, de efectos drásticos en la economía. El FMI ha calculado que, solo en 2019, la incertidumbre sobre el futuro de las políticas comerciales ha provocado la caída de 1 punto en el crecimiento del PIB mundial.

El humano es, sobre todo, un ser de creencias compartidas. Es su cualidad social. Esa es la materia social que produce la vida y las instituciones en sociedad. Por ello, tarde o temprano, tiene que aferrarse a algo, a unos principios organizadores del futuro imaginado. Los que sean. Con tal de que devuelvan la certidumbre de algún destino al cual agarrarse con todas sus fuerzas y, así, restituirle el sentido a la historia colectiva, familiar y personal.

Esto explica que, en la siguiente década, al estupor y desasosiego social le ha de seguir, abruptamente, un momento de disponibilidad cognitiva dirigido a revocar viejas creencias y aferrarse a unas nuevas en las que considere factible encontrar soluciones a sus ansiedades y necesidades. Será el momento de la cristalización de un nuevo sistema de creencias que restituya la flecha de porvenir al tiempo histórico y relance el transcurrir de un tiempo social que se dirige a una meta. Émile Durkheim hablaba, hace cien años, de momentos de «efervescencia creadora» de nuevos ideales que guiarán a la humanidad. En el fondo, se trata de la formación de un nuevo modelo de legitimación que deberá venir acompañado de un nuevo modelo de acumulación económica.

De hecho, aunque de manera local, periférica, parcial y efímera, los síntomas de esa gran batalla venidera ya se están viviendo hoy en muchas partes del mundo. En lo económico, mediante los ensayos de formas híbridas de libre comercio con proteccionismo en áreas específicas como la transición energética, las telecomunicaciones y los microprocesadores. También está la contracción regional de cadenas de valor de productos estratégicos bajo la modalidad de *friendshoring* para dejar de depender de China. O el regreso a fosilizadas maneras de neoliberalismo primitivo, revestidas de autoritarismo.

Cada una de estas propuestas, aun con sus límites temporales e imposibilidades actuales de instalar hegemonías duraderas e irradiantes, son laboratorios de posibles cursos de acción que, junto con otras opciones que podrán surgir en el tiempo, saltando esos límites iniciales, habrán de disputar a escala global el monopolio de las nuevas ideas fuerza, del nuevo sentido común global capaz de cautivar las esperanzas y los imaginarios de las sociedades para las siguientes décadas.

El progresismo latinoamericano, primera oleada

A inicios del siglo XXI, América Latina ha atravesado una oleada de movimientos y Gobiernos progresistas y de izquierda. Ha sido el primer síntoma del lento ocaso del globalismo neoliberal. Y hoy estamos en los inicios de lo que podría denominarse una segunda oleada progresista. La primera comenzó entre el año 2000 y llegó hasta el 2015, con cambios políticos en Venezuela, Brasil, Argentina, Ecuador, Bolivia, Uruguay, Nicaragua, Paraguay y El Salvador. Parte importante de este primer ciclo progresista fue fruto de grandes movilizaciones sociales urbanas y rurales que cimbraron la estabilidad neoliberal. Dieron lugar a liderazgos carismáticos, rupturistas e inauguradores de una nueva historia en términos institucionales y discursivos. Impulsaron un conjunto de reformas posneoliberales que combinaron mercado externo con mercado interno, proteccionismo con libre cambio. También llevaron a cabo una amplia distribución de la riqueza para sacar a muchas familias de la pobreza y de la extrema pobreza, y para reducir las terribles desigualdades que aquejaban al continente. En tercer lugar, restituyeron un papel activo del Estado como gestor económico y, en algunos casos, como propietario de empresas públicas. En los procesos más radicales, reforzaron un protagonismo político de los movimientos sociales en la dirección de las políticas estatales.

Los resultados de la primera oleada progresista latinoamericana son más que evidentes. En términos del crecimiento económico, mientras que en el tiempo neoliberal –entre 1980 y el año 2004– las tasas de crecimiento del PIB fueron del 2,2 %, entre el 2004 y el 2015 fueron, en promedio, del 3,1 %. La desigualdad, medida en la escala de GINI, entre 1980 y 2004 empeoró del 0,5 al 0,52; en tanto que, entre el 2004 y el 2015, la desigualdad disminuyó del 0,52 al 0,46. La pobreza, en tiempos neoliberales, llegó del 34 % al 45 % del total de la población latinoamericana. Del 2004 al 2015, pasamos del 45 % de pobreza al 29 %. 70 millones de latinoamericanos salieron de la pobreza, en tanto que los sectores de ingresos medios pasaron del 21 % del total de la población al 34 %. Sin duda, fueron resultados importantes en términos de reducción de desigualdad y mejora de condiciones de vida de millones de latinoamericanos.

¿Cuáles fueron los límites y dificultades de esta primera oleada progresista? El primero, el agotamiento de sus reformas, en parte por el cumplimiento de estas mismas. Una parte importante de las personas salieron de la pobreza; otra parte, de la extrema pobreza. Crecieron los sectores de ingresos medios; mejoró el consumo. Se amplió la educación pública gratuita, tanto escolar como universitaria, y se dieron pasos importantes en la universalización del acceso gratuito a los servicios básicos de salud.

Allá donde la movilización social fue más intensa, se nacionalizaron recursos estratégicos, se mejoró muchísimo el salario de las clases trabajadoras y se reforzó la seguridad social. Con ello, gran parte de estas banderas del primer progresismo se cumplieron y, al cumplirse, se agotó el primer impulso de los procesos.

Esto también dio lugar a un fenómeno que no siempre fue comprendido por los líderes del primer progresismo. El éxito de sus reformas modificó parcialmente la estructura de clases sociales de los respectivos países. La emergencia de sectores populares, obreros, indígenas y campesinos hacia una condición de ingresos medios, considerada un hecho de justicia histórica, ha transformado la estructura social. Este proceso ha modificado el carácter de las nuevas necesidades, ha transformado mentalidades y ha promovido a nuevos sectores medios aspiracionales, lo que no es un defecto. El defecto es no entender las nuevas aspiraciones de esos nuevos sectores medios y seguirles hablando como si estuvieran en la posición anterior de pobres o extremadamente pobres. La mejora del consumo popular no es un delito; es una conquista colectiva. Los humildes no tienen vocación de ascetas y su bienestar pasa necesariamente por una mejora de ciertos consumos materiales. El problema es cuando no sabemos entender cómo ese consumo ha modificado sus expectativas, sus formas organizativas, sus maneras de construir adhesiones políticas y de enmarcar discursos movilizadores.

La segunda limitación de la primera oleada es que se distribuyó la riqueza, había que hacerlo, pero, en la mayor parte de los casos, no se modificó sustancialmente el propio sistema productivo y tributario que garantizara a largo plazo esa distribución. Se continuó produciendo como antes, aunque se mejoró notablemente la distribución social de esa riqueza producida. En vez de que la riqueza material se concentrara en pocas manos o se fuera al extranjero, se la distribuyó en la sociedad, especialmente entre los sectores más vulnerables; pero, con notables excepciones, no se modificó el sistema productivo sustancialmente; no se restablecieron bases industrialistas de esa redistribución. Y, claro, cuando cae el precio de las materias primas, los ingresos públicos se achican, la redistribución de la riqueza se detiene o se retrae, la economía se deprime y el malestar social se acrecienta. Esto ha dado lugar a una pérdida del dinamismo económico del progresismo a partir de los años 2014, 2015, 2016; y estas dificultades se han incrementado por la gran recesión que ha vivido el capitalismo mundial desde el año 2008 hasta la actualidad.

Una tercera limitación del progresismo en la primera oleada han sido las dificultades y los conflictos, visibles hasta el día de hoy, en el reemplazo de los liderazgos carismáticos, ya sea por exigencias legales o por renovaciones generacionales. En algunos casos, esto ha dado lugar a fracturas en el bloque popular; en otros, a un desgastante «bicefalismo» político y, en otros, a una parálisis interna de las reformas.

Debido a estas limitaciones, a partir del 2015, el progresismo sufrió derrotas electorales y un regreso temporal de fuerzas conservadoras en Argentina, Uruguay, Brasil, Ecuador y, en el caso de Bolivia, un golpe de Estado. Sin embargo, esta resaca conservadora no ha sido duradera y, a partir del 2019, se ha producido una segunda oleada de movilizaciones populares y Gobiernos progresistas en el continente. Incluso de mayor extensión geográfica, aunque, claro, de menor intensidad transformadora. Y considero que se trata de una segunda oleada y no de una simple coincidencia de Gobiernos, pues cuando suman muchos (México, Argentina, Bolivia, Perú, Honduras, Chile, Colombia, Brasil), ya no es una casualidad. Están expresando un proceso político de fondo.

Segunda oleada progresista

Esta segunda oleada que está emergiendo tiene características distintas de la primera. Con excepción de Chile y Colombia, no fue fruto electoral de grandes movilizaciones y protestas sociales, sino de victorias electorales, aunque con un fuerte respaldo social, como en México. En el caso de Chile y Colombia, viene precedida de grandes movilizaciones populares, pero ya en el momento del declive de la acción colectiva; no en el tiempo de ascenso. Esto será decisivo al momento de ejecutar una agenda de transformaciones sociales más radical, con más legitimad social y respaldo parlamentario. El repliegue social marca Gobiernos sin mayorías parlamentarias propensos a alianzas con sectores centristas y con horizontes de reformas mucho más acotados y moderados.

La segunda característica es que una gran parte de estos Gobiernos recupera la gestión defendiendo la continuidad de las reformas de la primera oleada y no propugnando nuevas reformas. De momento no hay voluntad de construir un mundo mejor, sino de impedir que el que existe empeore. Se da la ausencia de un gran proyecto transformador de la realidad económica-política y, por ello, una pérdida, esperemos solo temporal, del optimismo histórico expansivo del progresismo.

La tercera característica de esta segunda oleada consiste en que la mayor parte de los liderazgos políticos son administrativos y se inclinan más por la moderación que por los cambios. Ante la gravedad de los problemas, buscan contemporizar con todas las fuerzas políticas y no antagonizar. Con destacadas excepciones, como México, no son liderazgos carismáticos, fundacionales, rupturistas ni constructores de un nuevo orden económico y político. No hay interés en crear un nuevo sistema político sino en estabilizarlo y formar parte de él, bajo la forma de bipartidismos polarizados o de un nuevo centro polarizado.

La cuarta característica es que estos Gobiernos tienen delante a unas viejas y nuevas derechas radicalizadas y mucho mejor organizadas que en la primera oleada. Las derechas se han escorado a la extrema derecha como reacción de las élites privilegiadas, de clases medias y, en algunos casos, de sectores populares tradicionales a las políticas de igualdad impulsadas en la primera oleada. En algunos países donde no hubo primera oleada, son la reacción preventiva contra políticas de igualdad que debilitarían sus privilegios o sus reconocimientos. Por ello, son derechas que se oponen a las políticas redistributivas del Estado y que rechazan las igualdades sociales y se atrincheran en un apasionado fervor por la desigualdad. A diferencia de la primera oleada, ocupan continuamente las calles, se movilizan; han conquistado supremacía en las redes sociales y han irradiado molecularmente sus centros de politización de clases medias, desde las oenegés y las fundaciones, hasta las iglesias católicas o evangélicas ramificadas en bases territoriales. Es una derecha profundamente culturalista y política. Y no se puede perder de vista que expresan un proceso de politización conservadora de sectores medios y de fragmentos de sectores populares.

La quinta y última característica consiste en que enfrentan problemas de una crisis mundial más intensos y severos que la primera oleada.

Retos para el progresismo latinoamericano

Veamos ahora algunos de los problemas que la nueva oleada progresista continental podría remontar para consolidarse. Quizás ahora, como parte aún de este segundo flujo; o en una tercera oleada. Porque es probable que aún asistamos a varias oleadas, ya sea de carácter conservador como progresista o revolucionario, en tanto el orden mundial de acumulación y legitimación no se redefina de manera duradera. Y el orden mundial no se redefinirá sino en una o dos décadas, tal como sucedió en la década de los treinta a los cuarenta, o en la de los setenta a los ochenta.

Primer problema por enfrentar: una mejora rápida y visible en los ingresos económicos y en el acceso a los servicios públicos de las clases populares de cada país. Esa es la expectativa principal e inmediata que debe ser satisfecha por el progresismo en momentos en que la inflación, la pandemia y las angustias económicas afectan a la población. Esto no es todo lo que debe ser resuelto, pero permite establecer un colchón de estabilidad social y de respaldo para la aplicación de medidas de mediano a largo plazo en otros aspectos de la vida cotidiana: reconocimiento, derechos, seguridad pública, transición energética, industrialización, etc.

Hay que dejar de lado el credo liberal enmohecido de ajuste y austeridad fiscal. Las economías más avanzadas tienen en promedio un endeudamiento del 100 % al 150 % sobre su PIB y, a pesar de eso, están implementando planes multimillonarios de empleos, en modernización de obras públicas –Estados Unidos–, subvencionando su energía –Europa–, subvencionando sus industrias estratégicas de *software*, energías limpias e inteligencia artificial –Estados Unidos y Europa–. Saben que, si no impulsan esos aspectos de la economía, no solo perderán la competencia del liderazgo global con China, sino que tendrán al pueblo en las calles, como ya comienza a suceder en los llamados países desarrollados. El segundo reto es impulsar formas compuestas, híbridas, de democracia representativa con democracia participativa, comunal y plebeya, que permitan garantizar el protagonismo popular en la toma de decisiones gubernamentales y en la ampliación de la igualdad económica. De un tiempo para acá, a medida que se ha ralentizado o ha retrocedido el impulso igualador de las democracias representativas en el mundo, el apego democrático de las sociedades se ha debilitado, fortaleciendo tendencias autoritarias. El impulso de la democracia como creciente igualdad material y protagonismo de las personas comunes en la toma de decisiones estructurales que afectan la vida ciudadana, revitalizará la adhesión a una democracia que llega a los bolsillos de las personas y reconoce la dignidad gubernativa cotidiana del pueblo. Se trata entonces de impulsar múltiples formas de codecisión y formas democráticas convergentes en la igualdad material.

El tercer reto consiste en darles sostenibilidad a las reformas sociales para que no dependan de las fluctuaciones de los productos de las materias primas. Esto significa impulsar procesos de reindustrialización selectivos a gran escala y masivos a pequeña escala. El continente necesita un *shock* de industrialización de materias primas, de alimentos, de energías verdes, de química básica, de electrodomésticos, etc. Pero, también, un *shock* de industrialismo en los ámbitos micro del consumo local, en la artesanía, en las pequeñas empresas, en los servicios, que es donde se ubica la mayor parte de la población laboral. Solo construyendo un sistema industrial de generación de riqueza para el mercado interno y externo, los beneficios sociales y la igualdad económica tendrán una sostenibilidad duradera y resistente a las fluctuaciones de los precios de las materias primas. El cuarto reto consiste en contener la expansión de las extremas derechas. Y eso no se logra cediendo ante ellas, contemporizando o moderándose ante su soberbia autoritaria. Al contrario, este es un tiempo en que la moderación favorece las fuerzas conservadoras y reaccionarias. En tiempos de crisis, las derechas se alimentan de los fracasos económicos de las izquierdas. Las derechas se alimentan de la frustración que puede provocar un progresismo ambiguo e incompetente ante las grandes heridas que rasgan el bolsillo de los humildes. La tibieza reformadora infla la audacia conservadora. Y es así porque la moderación no logra resolver las angustias de las clases populares y, ante esa inoperancia, la búsqueda de una solución rápida y efectiva a esas necesidades angustiantes desplaza la adhesión de segmentos populares hacia propuestas ultraderechistas que ofrezcan resolver hoy esas demandas, de la manera que sea. Y así como el neoliberalismo recalentado y rancio no puede lograr victorias duraderas porque solo se dedica a repetir reformas conservadoras fallidas y decadentes de la década de los noventa –Argentina y Brasil son un ejemplo con Macri y Bolsonaro–, dando lugar a una hegemonía de patas cortas, el progresismo moderado tampoco logra, o logrará, una hegemonía duradera si no resuelve las aflicciones básicas de la mayoría de la población; con lo que se podría dar lugar a un periodo de victorias cortas y derrotas cortas, también del progresismo. Es decir, de hegemonías fragmentadas y discretas.

Reformas progresistas de segunda generación

Las fuerzas progresistas y de izquierda latinoamericanas están convocadas a remontar este *impasse* hegemónico recuperando lo mejor de la primera ola, pero superando a la vez sus limitaciones y resultados. Deben sobreponerse, con vigor y audacia, a la indeterminación del tiempo liminal, empujando el cauce de la historia hacia un modelo o un ciclo largo de acumulación económica y de legitimación política sustentadas en la igualdad social, la ampliación de derechos y el protagonismo plebeyo de la gente sencilla y humilde en el Estado. Las siguientes son algunas referencias de lo que podrían ser pilares del nuevo ciclo económico o reformas de segunda generación del progresismo. Las menciono, no por un afán normativo de adecuar la realidad a las ideas, sino porque ya han comenzado a emerger, de manera difusa, en los debates dentro de la sociedad.

Primero, una profunda reforma tributaria de carácter progresivo. Los países latinoamericanos tienen, en promedio, una tasa impositiva del 20 % al 27 % respecto de su PIB, en algunos casos sustentados en el IVA, que afecta más a las clases trabajadoras porque grava el consumo básico. En Europa, la presión tributaria llega al 37 % del PIB y, en momentos posbélicos y grandes crisis económicas, para superar la debacle económica después de la Segunda Guerra Mundial, en Estados Unidos se llegó a una presión tributaria del 80 % sobre las ganancias de las personas con más dinero. En estos tiempos de grandes necesidades colectivas y sequía de inversiones externas debido a las altas tasas de interés impulsadas por las grandes potencias, hay que motorizar la economía desde el Estado, hay que aumentar la inversión pública productiva; y ese dinero solo puede provenir de los impuestos progresivos a los ricos.

Según la CEPAL, en América Latina el 10 % más rico solo tributa el 5,4 % de sus ingresos. Es una locura, es indignante, es criminal. Hay espacio para aplicar impuestos progresivos a las grandes fortunas, a las ganancias elevadas y extraordinarias, a la banca y a las finanzas. La CEPAL ha hecho anteriormente propuestas sustantivas sobre esto y las izquierdas deben asumir este tipo de recomendaciones. Hasta el FMI, en sus contradicciones de globalismo y desglobalismo, recomienda subir los impuestos a los más ricos.

En segundo lugar, la repatriación de las fortunas de paraísos fiscales. América Latina es un exportador neto de capitales a paraísos fiscales. Gabriel Zucman –que trabaja con Thomas Piketty– calcula que cerca del 27 % de la riqueza privada de América Latina está en paraísos fiscales. Estos recursos deben regresar a los países para dinamizar la economía privada. Hay mecanismos de amnistía económica de sanciones a evasiones impositivas que pueden ayudar a imponer esta repatriación. No estamos hablando de poco dinero.

Tercero: el Estado debe controlar los grandes proyectos productivos de hidrocarburos y de energía que generan excedentes económicos. Recientemente, el presidente López Obrador ha nacionalizado la generación de electricidad, y no se trata solamente de una acción de soberanía energética: es un hecho económico, de control de flujos monetarios. Hay que controlar los grandes excedentes económicos –minerales estratégicos como el litio y el oro, tierras raras– para reinvertirlos en la sociedad.

Se requiere un Estado promotor de proyectos productivos de pequeñas y medianas empresas vinculados a mercados externos e internos. El economista Dani Rodrik llama a esto un nuevo productivismo, más preocupado en producir y en el impacto de la oferta que en la demanda.

En cuarto lugar, está la reconversión energética. Y este es un camino a una transición hacia el no extractivismo. Está claro que América Latina no puede romper con el extractivismo de una vez y para siempre; necesita un periodo de transición porque no tiene al alcance mecanismos que sustituyan el conjunto de recursos económicos que satisfagan las demandas básicas de las personas. América Latina posee el 60 % de las reservas del litio del mundo, el 40 % del cobre y las economías avanzadas se han propuesto alcanzar 0 emisiones netas de CO_2 para el año 2050. Estados Unidos y Europa han destinado para las siguientes décadas 3,5 billones de dólares –es decir, millones de millones de dólares– para sustituir combustibles fósiles, principalmente para su parque automotor. De los mil millones de carros que hay en el mundo hoy, solo del 2 al 4 % corresponde a vehículos eléctricos y las económicas avanzadas se han propuesto que, para el año 2030, del 20 % al 25 % de su parque automotor sea eléctrico, y que, para el

2035, dejen de producir autos a combustión. El Banco Mundial calcula un incremento del 300 % al 400 % del volumen bruto de los minerales necesarios para esta transición energética y se estima que será necesario un incremento del 1000 % de la producción de litio para alcanzar esta meta de parque automotor eléctrico. Ha de haber un nuevo ciclo largo de demanda de minerales asociados a las altas tecnologías. América Latina puede proponerse electrificar al 50 % del parque automotor mundial y garantizar baterías necesarias para la sustitución de combustibles fósiles por energías renovables.

Esta es una gran oportunidad para superar la historia colonial de ser solo exportadores de materias primas. Para ello, el Estado debe proponerse como accionista no solo de la extracción de la materia prima, sino, y esta es la clave del negocio, de la cadena productiva que va desde el salar o la roca mineralizada hasta el auto vendido en París o en Shanghái. La mayor rentabilidad no está en la materia prima. Las grandes ganancias están en la cadena que va de la salmuera al carbonato de litio, al hidróxido de litio, al litio metálico, a los cátodos, a las baterías y, finalmente, a los autos. La sumatoria de esa cadena es el gran negocio. Una batería para autos eléctricos, que representa el 40 % del costo del automóvil, requiere entre 8 y 10 kilos de carbonato de litio. Al precio actual del carbonato, son 420 dólares. Pero esa batería vale, en promedio, 15 000 dólares. Si nos quedamos produciendo materia prima, estamos disputando solo los 420 dólares por cada batería. Si peleamos por producir y vender la batería entera, estamos buscando ganar 15 000 dólares por cada una. Y las ganancias serán aún mayores si, como sucede con México, Brasil y Argentina, se tiene una industria automotriz. Los Estados latinoamericanos deberían ser socios accionistas de toda la cadena productiva que va desde la extracción de litio, la construcción de cátodos, la elaboración de baterías hasta la fabricación de automóviles. Eso les daría mayores ingresos que los percibidos en los mejores tiempos del petróleo.

Industrializar en nuestros países de origen. Fabricar un porcentaje de los cátodos, de las baterías. Allá donde se pueda, producir los automóviles. Regular regionalmente el precio del litio en el mercado mundial. Esta es una muy buena oportunidad para ir creando una base material industrial de la integración.

Una quinta área de trabajo es la agricultura sustentable. América Latina tiene 86 millones de personas con hambre y el mundo suma 193 millones en la misma situación. El precio real de los alimentos se ha incrementado en un 66 % del año 2000 al 2022, al margen de las fluctuaciones extraordinarias que se dan de rato en rato, como cuando se produjo la invasión de Rusia a Ucrania. Los cultivos permanentes de América Latina ocupan del 4 al 8 % de su territorio, mientras que en la Unión Europea ocupan del 14 % al 20 % del territorio. Y si bien son sociedades industriales, son también extractivistas, y además utilizan una parte considerable de su territorio para la agricultura. En Estados Unidos el 17 % del territorio está dedicado a la agricultura. Tenemos claramente un amplio espacio para la utilización sustentable de una agricultura pequeña y mediana, apoyada por sistemas de riego, con créditos, con tecnologías, con acopio, etc. La agricultura es, y seguirá siendo, una gran fuente de desarrollo y de productivismo en nuestro continente.

La sexta propuesta es articular el capital bancario con el capital productivo. En ello, estoy recogiendo maliciosamente la vieja frase de Lenin, pero en otro contexto: ¿cómo articulamos, desde el progresismo y las izquierdas, el capital bancario con el capital productivo, y por qué? Porque se necesita dirección de los ahorros sociales depositados en la banca hacia la producción y no hacia la especulación. Para ese fin, se puede establecer por ley un porcentaje de las carteras de crédito que obligatoriamente tiene que dirigirse al sector productivo pequeño y mediano: agricultura, industria, construcción, energías, etc. Además, se debe establecer una tasa de interés baja, similar o menor a la inflación anual, para esos créditos productivos. ¿Se puede? Sí. Lo hemos hecho en Bolivia. Por ley, el 65 % de la cartera total de todos los bancos privados y estatales obligatoriamente tiene que ir al sector productivo y a una tasa de interés fija apenas por encima de la inflación; el resto, para el comercio, o lo que quieran. Es posible y necesario encausar la banca hacia un nuevo industrialismo continental.

Lo importante de estas y otras medidas que debatimos, y de las que hay que hacer partícipes a los sectores populares, es crear una base productiva duradera y ecológicamente sustentable para redistribuir la riqueza común de la sociedad, aumentar la igualdad social y ampliar nuevos derechos colectivos. Al hacerlo, simultáneamente, se logrará promover un nuevo horizonte de futuro movilizador y garantizar el apego democrático de la población, a fin de que la democracia y el protagonismo social estén asociados a la igualdad y la justicia económica.

América Latina y el mundo están en medio de ese vórtice de la transición de la economía global a otro modelo, más fragmentado. Es un vórtice caótico y lleno de incertidumbres, atravesado de perplejidades y complicaciones, pero es a la vez un gran momento fundador en que se disputan los pilares del nuevo orden social que, con el tiempo, luego de una década o dos habrán de llevar a las sociedades a su estabilización para los siguientes cuarenta o cincuenta años. Por eso, es un momento histórico excepcionalmente privilegiado para la generación que está hoy en la plenitud de su vida y está obligada a comprometerse, a arriesgarse, a quemarse en los fuegos de este tiempo fundador de futuro.

Conversación

*Entre Luciana Cadahia
y Álvaro García Linera*

[Luciana Cadahia]

Voy a tomar tu diagnóstico, que me parece extremadamente iluminador, y que tiene que ver con los distintos ciclos que han tenido lugar a lo largo del tiempo. El ciclo liberal, el ciclo desarrollista o de capitalismo de Estado, el ciclo neoliberal. Ahora estaríamos en este momento liminal, en el que hay una confusión global, en donde los contrarios parecen coincidir muchas veces y nos paralizan. Y yo me preguntaba: junto a estos desafíos que le acabas de plantear al progresismo latinoamericano en el plano económico, ¿qué papel le cabe a la academia latinoamericana, a la intelectualidad, para tratar de interpretar este tiempo liminal y a la vez poder crear, desde los conceptos y las teorías, este laboratorio de futuro que tanto necesitamos?

[Álvaro García Linera]

Es complejo porque ha sucedido algo curioso con estas oleadas progresistas. Allá donde en estos años ha habido un protagonismo social importante –rebeliones, estallidos, movilizaciones, bloqueos, insurrecciones plebeyas de las cuales han surgido los progresismos–, la academia ha tenido un papel muy débil. De hecho, las universidades públicas han carecido de protagonismo. Y eso es terrible, porque cuando uno lo compara con el protagonismo de las universidades, de los estudiantes y profesores de los años sesenta y setenta, es totalmente distinto. Puede haber una explicación sociológica y cada país tendrá su propia lectura, pero en los sesenta y setenta, las universidades públicas estaban compuestas por estudiantes de clase media que tenían más tiempo para el activismo. A partir de los años ochenta y noventa, las universidades públicas abren el acceso a clases populares, que tienen menos tiempo libre, que trabajan, cuidan la casa, tienen dos empleos... Hay menos tiempo para el activismo. Parece una cosa secundaria, pero cuenta. Sin embargo, eso también tiene sus contrapartes. No es que la juventud no participe: lo hace bajo otros formatos. Pongo el caso de Bolivia. Mis estudiantes de sociología y ciencias sociales en la universidad pública no participaban en las marchas ni en las movilizaciones por el presupuesto, pero participaban bajo la forma «barrio». El concepto de barrio. Eran jóvenes del barrio. Cuando su mamá salía a marchar por defender a la gente que estaba siendo baleada por los militares, ahí los jóvenes participaban. Eran mis estudiantes de sociología, pero no marchaban como estudiantes de sociología. Marchaban como militantes territoriales, de una organización laboral o territorial. Es curioso eso. Es otra forma de participar: aunque es el mismo sujeto, la identidad movilizada es otra. Los compañeros del campo que estudiaban en la universidad pública no marchaban como estudiantes, marchaban como miembros del sindicato agrario de la comunidad agraria. Hay que ver en cada país cómo se está dando este reacomodo de la movilización territorial de las personas. Un segundo elemento: si bien no ha habido un protagonismo institucional de la academia, sí hay una participación individual decisiva de miembros de la academia. Pongo nuevamente el ejemplo de Bolivia. Cuando Evo Morales estaba candidateando por segunda vez, ya conmigo en el 2005, él era un campesino. Yo era un terrorista que estaba en la universidad. Eso éramos, así nos veían. Evidentemente habíamos participado en luchas sociales, él venía de una trayectoria de mucha movilización.

Teníamos propuestas interesantes frente a la crisis económica: hay que nacionalizar, hay que hacer una asamblea constituyente, hay que impulsar un Gobierno de indígenas, etc. Pero ¿cómo llegábamos a los sectores en los cuales ciertos símbolos de méritos influyen fuertemente? Me refiero a las clases medias, fundamentalmente, y a los sectores populares, pues no debe olvidarse que en América Latina la ilusión de ascenso social a través de la educación es clave en la organización de la vida de las familias. Es una ilusión, porque en realidad no hay ascenso social por educación, pero está la ilusión de que va a darse teniendo un título universitario. En ese contexto, en Bolivia, se armó un grupo de profesores que se constituyeron en el grupo de economistas asesores del Gobierno. Entonces estaba Evo, el campesino, rodeado de cuarenta economistas de la universidad pública que decían: «Sí, lo que propone Evo de nacionalizar es viable, sostenible». Y eso da contundencia. Eran jóvenes universitarios que ayudaron a darle cierta legitimidad discursiva a las propuestas de transformación radical que se venían haciendo. De hecho, de ese grupo de economistas salió el actual presidente Luis Arce. A mí me gustaba decir, para reivindicar esa adhesión de los compañeros a la batalla de las legitimaciones políticas, que habíamos pasado de imitar a los Chicago Boys –quienes habían inventado el neoliberalismo– a los Chuquiago Boys. «Chuquiago» es como se le llama en lengua indígena aimara a la zona en donde queda La Paz. Todo eso ayudó, le dio una sustancia.

Pero ojo: no fue el intelectual, el académico, quien definió las políticas públicas de nacionalización. Sí ayudó a consolidarlas, a darle aparataje técnico a esa decisión política que se había gestado en una gran movilización, y ayudó luego a legitimar esas acciones. El mundo intelectual no es el que construye ni define el proceso progresista, pero es el que puede darle consistencia técnica e irradiación legitimadora a decisiones que se gestan en otros escenarios más plebeyos que las universidades: los sindicatos, los gremios, las movilizaciones, los levantamientos, los estallidos, que es en donde se crea el horizonte de porvenir. Cuando esta interacción se debilita, se debilita la irradiación ideológica. Eso es un poco lo que nos ha pasado en Bolivia. Nosotros reclutamos a muchos compañeros de los sindicatos agrarios, de las comunidades, para niveles de gestión del Gobierno. Así hubo un desplazamiento del 95 % del personal público. Se indianizó nuestro Estado. Pero también una parte importante de profesores universitarios en economía, en tecnología, los halamos a la administración de las empresas, por ejemplo. Fue bueno porque evitó que cometiéramos muchos errores con la mera presencia de dirigentes sociales o de activistas en la gestión técnica de las empresas públicas. Pero vació de presencia ideológica progresista las universidades. Y al cabo de diez años, esa ausencia de ideas progresistas dio lugar a una presencia de ideas conservadoras que hoy reina en las universidades. Porque el profesor que se convirtió en ministro ha sido sustituido por un hombre que ahora te hace leer a Sartori, a Hayek, a la escuela austriaca; porque todos se vinieron para el Estado y no hubo quién los sustituyera. En cambio, los estudiantes que tenían clases conmigo y que no participaban en la asamblea universitaria participaban en una asamblea de su barrio o se iban a la de su comunidad. Y lo que el estudiante leía conmigo –llámese Marx, Evo Morales o Fausto Reinaga– lo iba a repetir en su asamblea. Mi voz llegaba a la asamblea a través de él. Él no ejercía su irradiación en la universidad: la ejercía en su territorio. Y entonces, cuando me invitaban a esos lugares, yo reconocía las palabras que había usado con mi estudiante. El estudiante se las transmitía a la base campesina, a sus padres, por ejemplo, que no habían sido estudiantes de la universidad. Pero su hijo sí era estudiante, y como era estudiante, para la mamá o para el papá, «sabe». Es curioso cómo se irradia, cómo son los efectos discursivos, cómo se unen a través de moléculas fluctuantes en el imaginario colectivo.

Por todo esto, creo que el papel de la academia es decisivo en los procesos de transformación. Debilita certidumbres e imaginarios conservadores y ayuda a irradiar sentidos comunes progresistas, cuando se lo propone. Y, llegado el momento, puede darles sostenibilidad técnica a ciertas decisiones que emergen de levantamientos y de acciones populares. No me imagino a los Gobiernos o procesos progresistas sin la participación del mundo intelectual académico. Aunque, eso sí, hay que reconocer que, a diferencia de los años setenta, ya no son la vanguardia. Y hay que asumirlo con humildad. El mundo académico no es la vanguardia de los procesos de transformación social, pero puede colaborar fuertemente a consolidar esos procesos. Se trata de asumir ese nuevo papel, más humilde, menos protagónico, pero igualmente necesario para los cambios sociales.

[Luciana Cadahia]

Recojo tu última reflexión sobre la transformación del rol de la academia y de la intelectualidad para la construcción de un futuro más igualitario y justo. Este diagnóstico que haces es algo que ya en los años noventa se podía apreciar en ciertos filósofos, politólogos, teóricos políticos, que anunciaban que iba a tener lugar esta mutación y que, por lo tanto, la intelectualidad y la academia tenían que reencontrar ese nuevo lugar que quizás no consiste tanto en iluminar y establecer el programa —que es el tipo de fascinación de quienes venimos del legado marxista—, sino que más bien es un ejercicio de traducción. Creo que la academia ahora mismo puede ser un lugar de traducción de las calles y de la organización popular. Y en ese sentido, también retomo otra cosa que comentabas, que tiene que ver con el desplazamiento del campo académico a las instituciones y un cierto vaciamiento en la pedagogía de una academia militante. Ese mismo problema lo pudimos ver en la organización popular, donde muchas personas, mujeres y hombres, líderes territoriales y sociales, dejaron de cumplir ese rol para ir a trabajar al Estado. Y ese agotamiento que tuvo lugar en el primer ciclo, cuando hubo un vaciamiento de la academia y de la organización popular, porque todos estos sujetos estaban en el Estado, generó un agotamiento social que no solo se vio en Bolivia, sino en Ecuador y, en cierta medida, en la Argentina. La pregunta es, entonces, dado que ahora estamos en Colombia, que está teniendo su primer ciclo, e incluso su primera experiencia de un Gobierno de izquierda o progresista, ¿qué consejo darías para no perder de vista que, aunque ahora se ocupen cargos institucionales, aunque ahora sea posible una transformación de la naturaleza del Estado para beneficio de las mayorías, aun así se debe seguir sosteniendo un pie en la base social, en la academia, y que se produzca una sinergia que retroalimente el proceso?

[Álvaro García Linera]

Esa es una pregunta de oro, y ya no hay un Lenin que te explique cómo resuelves el problema. Ni un Gramsci. Pero es muy real, muy fuerte. Y es peor aún si los procesos progresistas duran más tiempo. Porque si duran poco, la derrota te resuelve el problema: regresas con los tuyos [risas]. Por supuesto, eso no es lo que se quiere: hay que prolongar el proceso progresista. Pero, evidentemente, los cuadros de líderes sociales de los barrios, de las comunidades agrarias, del mundo académico estudiantil, que se foguearon en los tiempos duros, que traen en el cuerpo las heridas, las llagas de las derrotas anteriores, de las persecuciones, traen una mística. Son personas creyentes en el sentido religioso del término. Son creyentes de algo. Están ahí porque creen en un conjunto de ideas, de principios, y no porque estén haciendo un cálculo de cómo les va a ir en su vida económica. Ellos dan lugar a una mística del Gobierno progresista y son el mejor antídoto contra las tendencias a la corrupción, al abuso. Son «cumpas» fogueados en la lucha, en la batalla callejera, en los momentos de la derrota, cuando ser progresista era casi admitir que uno era un demonio social. Y ahí, en su creencia, resistieron como demonios. Pero, claro, ya luego pasa un tiempo, hay que renovar el Parlamento, hay presiones de nuevos dirigentes sociales, nuevos activistas, nuevas necesidades. Nosotros, en el caso de Bolivia, por decisión de las organizaciones, renovábamos el 95 % de nuestros diputados y senadores. La elección de diputados y senadores era un tejido entre representantes de sectores sociales. Decíamos: acá, en esta región, la fuerza principal es la comunidad agraria que produce caña y, en esta otra, la que produce papas. Entonces, el diputado titular era de la comunidad que producía caña y el senador era de la que producía papas. Así se tejían las candidaturas sociales. Pero eso lleva a una renovación inevitable de los líderes y los nuevos que vienen, por derecho justo, vienen del pueblo. Son campesinos, son pobladores urbanos, son plebeyos. Es un hecho de justicia social que quieran ser diputados, senadores, cancilleres, que quieran ser dirigentes miembros de un viceministerio. Sin embargo, las nuevas generaciones ya no traen las heridas de las viejas luchas. Y después de diez años, han sido forjadas en la estabilidad del progresismo, no en las batallas de abajo. Entonces traen otras mentalidades. Son más corrosivas frente al dinero, frente a la burocratización. Tienen otro tipo de temperamento. No por eso no tienen que entrar, por supuesto; pero hay que tener cierto cuidado. De ahí que una obsesión mía fuera dejar de ser vicepresidente –lo fui durante catorce años– para formar gente. Y por eso, a pesar de mi crítica hacia los partidos de izquierda tradicionales, reivindico su papel formador. Pero en las comunidades, en los barrios. Porque esos partidos de izquierda tradicionales de hace veinte, treinta años nos dieron a nosotros el oro con el cual trabajamos: gente de oro formada que nos ayudó a la primera gestión. Pero para la segunda y tercera camada, ya nadie había formado a los compañeros. Eran del pueblo. Formados ya en la universidad, pero con una moral más… distraída [risas].

Yo reivindico la necesidad del partido en este sentido: no del partido guía que te dice a dónde nos dirigimos, sino del partido organizador, del partido cohesionador de pensamiento, del partido labrador de una mística, del compromiso y de la creencia movilizadora. Cuando ya no tienes eso, lo que te llegan son sectores populares, que con justo derecho reclaman su lugar en la gestión de Gobierno, pero que están pensando en cómo van a hacer otro tipo de cosas más personales. No todos, por supuesto, pero una parte importante. Eso te va corroyendo la moral interna, y es muy triste. Creo que la vacuna contra eso es un esfuerzo, llámale partido –ponle otro nombre, si quieres: si estás peleada con la idea de partido de los años setenta, llámale organizador–, que se encarga de formar en los barrios, que no ha de sustituir la lucha popular pero que es como un tensor diminuto de acero que te permite una sostenibilidad moral fundamental en tu proceso. Y, en algunos casos, mi recomendación a compañeros muy destacados en el sector social ha sido: «Compañero, tú tienes más poder como dirigente destacado del sector social campesino que siendo un ministro». Porque les decía: «Tienes el derecho de ser ministro, compañero, y hazlo si quieres, pero he visto al 90 % de compañeros que entran del mundo agrario o sindical ser triturados por el Estado». El Estado tritura las almas. Las vacía. Porque el gran dirigente se convierte, en el Estado, en un funcionario lleno de informes por hacer, de papeles por firmar, de secretarios… Queda diluido en un aparataje burocrático. Y al final, después de un año, ¿quién se acuerda de ese dirigente? Nadie. Yo les decía: «Compañero, ¿quieres ser diputado? ¡Qué bien! Pero, ojo, si quieres ser diputado, sé saltón, pendenciero, peleador, gritón. Si no vas a hacer eso, mejor quédate en tu dirigencia sindical, ahí tienes más poder, ahí puedes ayudar más a tu gente, porque ahí va a llegar Evo para ver qué sistema de riego implementar, qué carretera construir, qué escuelas se necesitan. Aquí, como gestor, como ministro o diputado, vas a poder firmar una ley, vas a poder contratar a una empresa. Quizás será de tu familiar o de tu vecino, pero ya no vas a poder resolver el problema de tu comunidad con la eficiencia con la que lo hacías antes, y con la legitimidad y la autoridad de tu gente». Yo recomiendo especialmente un trabajo de formación en lo popular para los jóvenes que permita una renovación de generaciones de funcionarios plebeyos en el Estado. Y recomiendo saber cuidar, más que a un ministro, a un buen dirigente social. Un buen dirigente social es más poderoso que un ministro en un Gobierno popular. Cuídalo, déjalo ahí. Apóyalo para que se mantenga.

[Luciana Cadahia]

Bueno, ya sabemos: lo más importante es cuidar el alma popular como un tesoro. Y para eso no hay que dejar de formar cuadros que sigan sosteniéndose en la organización popular. Buena lección que nos da Álvaro para Colombia. Siguiendo en terreno colombiano, y para concluir con nuestra conversación, me gustaría resaltar que Colombia tiene la particularidad de ir a contracorriente del resto de América Latina. Voy a citar dos ejemplos. El primero tiene que ver con el hecho de que solemos hablar de las constituciones andinas: Ecuador, Bolivia, Venezuela. Pero de lo que siempre nos olvidamos es de asociar la Constitución colombiana del 91 con las constituciones andinas. Eso tiene que ver con el hecho de que las oligarquías económicas e intelectuales colombianas han sido muy hábiles para neutralizar el relato latinoamericano o, mejor dicho, el papel que ha cumplido su país en América Latina. Las oligarquías han sustraído a Colombia de América Latina. Sin ir más lejos, voy a citar a alguien que ahora mismo es muy antipático para los imaginarios locales, pero que yo confío en que en treinta o cuarenta años volverá a tener el lugar que merece, que es Hugo Chávez. Chávez estuvo aquí en el proceso de la Constitución del 91 y entendió que las constituyentes eran la vía para hacer un nuevo pacto social. En eso Colombia fue pionera no solo por haberlo hecho en el año 1991, sino porque fue un pacto social configurado entre la institucionalidad y los actores que habían formado parte de la lucha armada para la emancipación de los pueblos. Eso es un logro histórico del que todavía no tenemos suficiente conciencia latinoamericana: Colombia hizo el proceso constituyente antes de que tuviera lugar lo que se llamó «el ciclo progresista».

Y la segunda experiencia a cortacorrientes es que, después de ese proceso constituyente del 91, curiosamente, porque ya en el pacto social estaba la posibilidad de una experiencia progresista, vino una hegemonía de extrema derecha. Se terminó de consolidar el uribismo, que tuvo la virtud de construir algo que ahora está empezando a surgir en el resto de los países latinoamericanos: los sujetos populares de extrema derecha. Colombia construyó una hegemonía popular de derecha. Algunos lo llamaron populismo de derecha. Y luego, Colombia, a través del estallido social y del triunfo del Pacto Histórico encabezado por Gustavo Petro y Francia Márquez, logró interrumpir esa hegemonía popular de derecha. Salir de la larga noche del fascismo. Entonces, lo que me pregunto es algo que muchas veces me quita el sueño: ¿qué claves nos puede estar dando Colombia para lo que se viene en el resto de la región, que es el intento de extremas derechas de constituir subjetividades populares fascistas? Y, al mismo tiempo, ¿qué nos está ofreciendo hoy este Gobierno popular como imaginación de futuro para la región latinoamericana, caribeña y también para el mundo?

[Álvaro García Linera]

Como siempre, Luciana, estás siendo muy aguda en tu reflexión. Sobre lo primero, no lo sé. No tengo respuestas [risas]. Sobre lo segundo: sí, para mí está claro. ¿En qué veo que está contribuyendo el Gobierno progresista colombiano respecto a los progresismos latinoamericanos? En dos cosas centrales. Una: son los primeros que se animan a un plan de reformas que va más allá del primer progresismo. Que lo supera porque lo recupera. Justicia social, redistribución de la riqueza. Perfecto. ¿Pero cómo hacerlo? Nosotros lo hicimos mediante la concentración de los ingresos de las materias primas. Aquí en Colombia ustedes han avanzado algo que deberíamos haber hecho nosotros y no nos animamos, que es una reforma tributaria. Abrir la veta de la reforma tributaria a mí me parece clave.

Nosotros lo hicimos con las empresas extranjeras, a quienes les cambiamos todo el sistema tributario, pero con nadie más. El resto de países no cambió el sistema tributario. Colombia es el primer progresismo audaz en ese sentido. Algunos podrán decir que no fue suficiente, pero lo que ningún progresismo se animó a hacer lo hicieron aquí en Colombia. Y hay espacio para más reforma progresista hacia arriba. Leí alguna vez que la reforma iba a permitir anualmente un ingreso de 3000 o 3500 millones de dólares, que no es poco. Porque eso te permite que tus reformas redistributivas –llegar al campo con mejor educación, con mejor salud, con mejor vivienda– tengan sostenibilidad en el tiempo. La propuesta de reformas tributarias progresivas es clave porque luego puedes llegar mediante ese mismo método al tema de la propiedad. Hay mecanismos de democratización de la propiedad a través de reformas tributarias. Colombia ha abierto una veta gigantesca. Creo que es una gran lección para la segunda o la tercera o la cuarta oleada progresista que venga.

Y la segunda cosa audaz que han hecho es animarse a suspender las exploraciones de nuevos reservorios de gas y de petróleo. Es la medida más importante que cualquier Gobierno del mundo haya tomado en términos de descarbonizar de manera real. Muy audaz. Simplemente, mi consejo humilde es cuidar que esa gran decisión humana no afecte la mejora de las condiciones de vida de la población. Se ha pensado en una transición: hay una serie de reservorios encontrados que les durarán un buen tiempo y esos habrá que explotarlos, pero ya no habrán de explorar más.

Muy bien: en ese tiempo, hasta que se agoten esos reservorios, deben saber utilizar de manera rápida, directa y en grandes dimensiones esos recursos para que se traduzcan en mejoras salariales, en mejor educación y mejor salud, en créditos para los pequeños productores, en ingresos más altos y en bienestar y consumo popular. Ahí está la clave: saber encontrar el justo término, y para eso no hay un algoritmo. Depende de cada circunstancia, de cada temperamento social. Encontrar el algoritmo preciso entre justicia ambiental y justicia social y económica es la meta. Los colombianos son los primeros en hacerlo. ¿Cómo les irá? Espero que bien, porque dependiendo de cómo les vaya, otros países nos animaremos o no a hacerlo. Quizás diremos: no, mejor no. No funcionó. O quizás: sí, se puede mejorar la vida de las personas y, a la vez, enfrentar el calentamiento global con acciones muy contundentes. Y no se olviden: no pierdan de vista la economía. En tiempos de crisis, la economía manda. No afecten eso, y si funciona así, excelente: todos tendremos que replicar lo que aquí valientemente están haciendo.

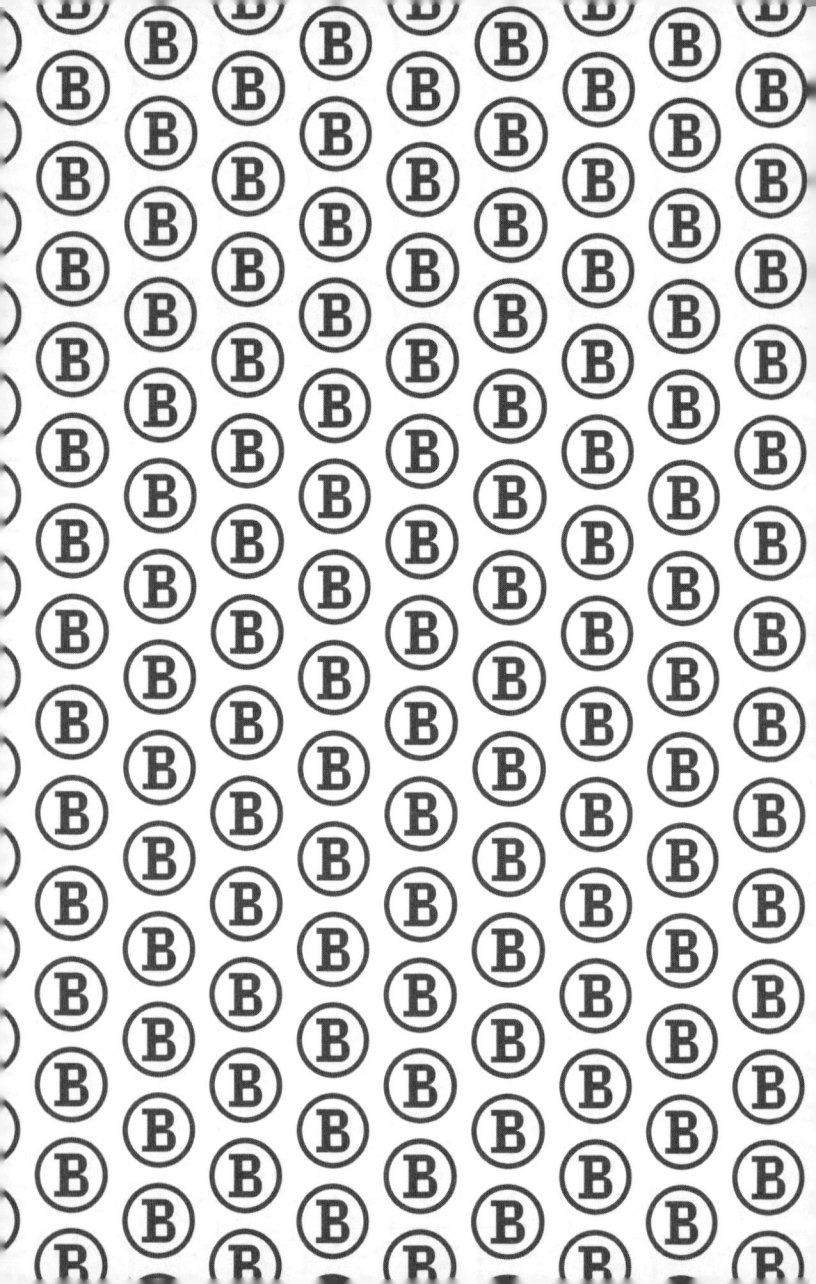